+ 🥚 = 🥚

0 + 1 = ☐

+ 🥚🥚 = 🥚🥚

0 + 2 = ☐

+ 🥚🥚🥚 = 🥚🥚🥚

0 + 3 = ☐

+ 🥚🥚🥚🥚 = 🥚🥚🥚🥚

0 + 4 = ☐

+ 🥚🥚🥚🥚🥚 = 🥚🥚🥚🥚🥚

0 + 5 = ☐

0 + 6 = ☐

0 + 7 = ☐

0 + 8 = ☐

0 + 9 = ☐

0 + 10 = ☐

☆ + ☆ = ☆☆

1 + 1 = ☐

★ + ★★ = ★★★

1 + 2 = ☐

★ + ★★★ = ★★★★

1 + 3 = ☐

★ + ★★★★ = ★★★★★

1 + 4 = ☐

☆ + ☆☆☆☆☆ = ☆☆☆☆☆☆

1 + 5 = ☐

Add and write the answers.

1 + 6 = ☐

1 + 7 = ☐

1 + 8 = ☐

1 + 9 = ☐

1 + 10 = ☐

Add and write the answers.

🐚🐚 + 🐚 = 🐚🐚🐚

2 + 1 = ☐

🐚🐚 + 🐚🐚 = 🐚🐚🐚🐚

2 + 2 = ☐

🐚🐚 + 🐚🐚🐚 = 🐚🐚🐚🐚🐚

2 + 3 = ☐

🐚🐚 + 🐚🐚🐚🐚 = 🐚🐚🐚🐚🐚🐚

2 + 4 = ☐

🐚🐚 + 🐚🐚🐚🐚🐚 = 🐚🐚🐚🐚🐚🐚🐚

2 + 5 = ☐

2 + 6 = ☐

2 + 7 = ☐

2 + 8 = ☐

2 + 9 = ☐

2 + 10 = ☐

Add and write the answers.

♥♥♥ + ♥ = ♥♥♥♥

3 + 1 = ☐

♥♥♥ + ♥♥ = ♥♥♥♥♥

3 + 2 = ☐

♥♥♥ + ♥♥♥ = ♥♥♥♥♥♥

3 + 3 = ☐

♥♥♥ + ♥♥♥♥ = ♥♥♥♥♥♥♥

3 + 4 = ☐

♥♥♥ + ♥♥♥♥♥ = ♥♥♥♥♥♥♥♥

3 + 5 = ☐

3 + 6 = ☐

3 + 7 = ☐

3 + 8 = ☐

3 + 9 = ☐

3 + 10 = ☐

Add and write the answers.

$4 + 1 =$ ☐

$4 + 2 =$ ☐

$4 + 3 =$ ☐

$4 + 4 =$ ☐

$4 + 5 =$ ☐

$4 + 6 =$ ☐

$4 + 7 =$ ☐

$4 + 8 =$ ☐

$4 + 9 =$ ☐

$4 + 10 =$ ☐

Add and write the answers.

5 + 1 = ☐

5 + 2 = ☐

5 + 3 = ☐

5 + 4 = ☐

5 + 5 = ☐

5 + 6 = ☐

5 + 7 = ☐

5 + 8 = ☐

5 + 9 = ☐

5 + 10 = ☐

Add. Find and circle the answers in the picture below.

0 + 1 = ☐   3 + 3 = ☐

2 + 2 = ☐   1 + 1 = ☐

4 + 3 = ☐   5 + 5 = ☐

3 + 6 = ☐   1 + 2 = ☐

1 + 4 = ☐   4 + 4 = ☐

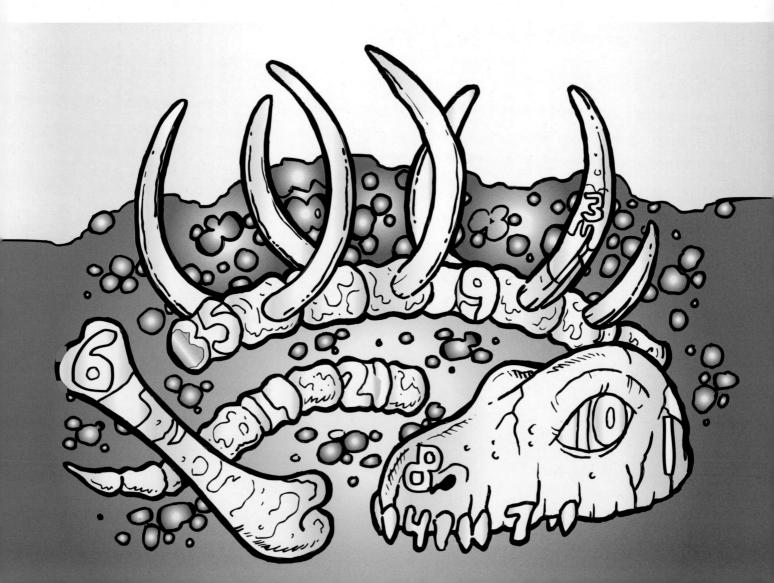

Add and write the answers.

🥚🥚🥚 + 🥚 = 🥚🥚🥚🥚

6 + 1 = ☐

🥚🥚🥚 + 🥚🥚 = 🥚🥚🥚🥚🥚

6 + 2 = ☐

🥚🥚🥚 + 🥚🥚🥚 = 🥚🥚🥚🥚🥚🥚🥚🥚🥚

6 + 3 = ☐

🥚🥚🥚 + 🥚🥚🥚🥚 = 🥚🥚🥚🥚🥚🥚🥚🥚🥚🥚

6 + 4 = ☐

🥚🥚🥚 + 🥚🥚🥚🥚🥚 = 🥚🥚🥚🥚🥚🥚🥚🥚🥚🥚🥚

6 + 5 = ☐

6 + 6 = ☐

6 + 7 = ☐

6 + 8 = ☐

6 + 9 = ☐

6 + 10 = ☐

7 + 1 = ☐

7 + 2 = ☐

7 + 3 = ☐

7 + 4 = ☐

7 + 5 = ☐

7 + 6 = ☐

7 + 7 = ☐

7 + 8 = ☐

7 + 9 = ☐

7 + 10 = ☐

Add and write the answers.

8 + 1 = ☐

8 + 2 = ☐

8 + 3 = ☐

8 + 4 = ☐

8 + 5 = ☐

8 + 6 = ☐

8 + 7 = ☐

8 + 8 = ☐

8 + 9 = ☐

8 + 10 = ☐

Add and write the answers.

q + 1 = ☐

q + 2 = ☐

q + 3 = ☐

q + 4 = ☐

q + 5 = ☐

q + 6 = ☐

q + 7 = ☐

q + 8 = ☐

q + q = ☐

q + 10 = ☐

Add and write the answers.

10 + 1 = ☐

10 + 2 = ☐

10 + 3 = ☐

10 + 4 = ☐

10 + 5 = ☐

10 + 6 = ☐

10 + 7 = ☐

10 + 8 = ☐

10 + 9 = ☐

10 + 10 = ☐